My Bilingual Picture Book
Моя двуязычная книжка с картинками

Sefa's most beautiful children's stories in one volume

Ulrich Renz • Barbara Brinkmann:

Sleep Tight, Little Wolf · Приятных снов, маленький волчонок

For ages 2 and up

Cornelia Haas • Ulrich Renz:

My Most Beautiful Dream · Мой самый прекрасный сон

For ages 2 and up

Ulrich Renz • Marc Robitzky:

The Wild Swans · Дикие лебеди

Based on a fairy tale by Hans Christian Andersen

For ages 5 and up

© 2024 by Sefa Verlag Kirsten Bödeker, Lübeck, Germany. www.sefa-verlag.de

Special thanks to Paul Bödeker, Freiburg, Germany

All rights reserved.

ISBN: 9783756304431

Read · Listen · Understand

Sleep Tight, Little Wolf

Приятных снов, маленький волчонок

Ulrich Renz / Barbara Brinkmann

English   bilingual   Russian

Translation:

Pete Savill (English)

Svetlana Hordiyenko (Russian)

Audiobook and video:

www.sefa-bilingual.com/bonus

Password for free access:

English: `LWEN1423`

Russian: `LWRU2730`

Good night, Tim! We'll continue searching tomorrow.
Now sleep tight!

Спокойной ночи, Тим! Мы поищем завтра.
А сейчас приятных снов!

It is already dark outside.

На улице уже темно.

What is Tim doing?

Что Тим там делает?

He is leaving for the playground.
What is he looking for there?

Он идёт на улицу к игровой площадке.
Что он там ищет?

The little wolf!

He can't sleep without it.

Маленького волчонка!

Без него он не может уснуть.

Who's this coming?

Кто там идёт?

Marie! She's looking for her ball.

Мария! Она ищет свой мяч.

And what is Tobi looking for?

А что ищет Тоби?

His digger.

Свой экскаватор.

And what is Nala looking for?

А что ищет Нала?

Her doll.

Свою куклу.

Don't the children have to go to bed?
The cat is rather surprised.

Не порá ли детям в постель?
Очень удивилась кошка.

Who's coming now?

А кто это идёт?

Tim's mum and dad!

They can't sleep without their Tim.

Мама и папа Тима!

Без Тима они не могут уснуть.

More of them are coming! Marie's dad.
Tobi's grandpa. And Nala's mum.

Вот ещё подходят! Папа Марии.
Дедушка Тоби. И мама Налы.

Now hurry to bed everyone!

А сейчас быстро в постель!

Good night, Tim!

Tomorrow we won't have to search any longer.

Спокойной ночи, Тим!

Утром нам не надо ничего искать.

Sleep tight, little wolf!

Приятных снов, маленький волчонок!

Cornelia Haas • Ulrich Renz

My Most Beautiful Dream
Мой самый прекрасный сон

Translation:

Sefâ Jesse Konuk Agnew (English)

Oleg Deev, Valeria Baden (Russian)

Audiobook and video:

www.sefa-bilingual.com/bonus

Password for free access:

English: `BDEN1423`

Russian: `BDRU2730`

My Most Beautiful Dream
Мой самый прекрасный сон

Cornelia Haas · Ulrich Renz

English — bilingual — Russian

Lulu can't fall asleep. Everyone else is dreaming already – the shark, the elephant, the little mouse, the dragon, the kangaroo, the knight, the monkey, the pilot. And the lion cub. Even the bear has trouble keeping his eyes open ...

Hey bear, will you take me along into your dream?

Лулу не спится. Все остальные уже видят сны – акула, слон, маленькая мышка, дракон, кенгуру, рыцарь, обезьяна, пилот. И львёнок. Даже у медвежонка закрываются глаза ...

Эй, Мишка, возьмёшь меня в свой сон?

And with that, Lulu finds herself in bear dreamland. The bear catches fish in Lake Tagayumi. And Lulu wonders, who could be living up there in the trees?

When the dream is over, Lulu wants to go on another adventure. Come along, let's visit the shark! What could he be dreaming?

И вот Лулу в стране сновидений медведя. Мишка ловит рыбу в озере Тагаюми. И Лулу спрашивает себя, кто бы мог жить сверху на деревьях?

Сон закончился, но Лулу хочет больше приключений. Давай навестим акулу! Что ей снится?

The shark plays tag with the fish. Finally he's got some friends! Nobody's afraid of his sharp teeth.

When the dream is over, Lulu wants to go on another adventure. Come along, let's visit the elephant! What could he be dreaming?

Акула играет в салки с рыбами. Наконец-то у неё есть друзья! Никто не боится её острых зубов.

Сон закончился, но Лулу хочет больше приключений. Давай навестим слона! Что ему снится?

The elephant is as light as a feather and can fly! He's about to land on the celestial meadow.

When the dream is over, Lulu wants to go on another adventure. Come along, let's visit the little mouse! What could she be dreaming?

Слон – лёгкий, как пёрышко, и может летать! Вот он приземляется на небесную лужайку.

Сон закончился, но Лулу хочет больше приключений. Давай навестим маленькую мышку! Что ей снится?

The little mouse watches the fair. She likes the roller coaster best. When the dream is over, Lulu wants to go on another adventure. Come along, let's visit the dragon! What could she be dreaming?

Маленькая мышка наблюдает за ярмаркой. Больше всего ей нравятся американские горки.

Сон закончился, но Лулу хочет больше приключений. Давай навестим дракона! Что ему снится?

The dragon is thirsty from spitting fire. She'd like to drink up the whole lemonade lake.

When the dream is over, Lulu wants to go on another adventure. Come along, let's visit the kangaroo! What could she be dreaming?

Дракон долго плевался огнём, и теперь очень хочет пить. Он готов выпить целое озеро лимонада.

Сон закончился, но Лулу хочет больше приключений. Давай навестим кенгуру! Что ему снится?

The kangaroo jumps around the candy factory and fills her pouch. Even more of the blue sweets! And more lollipops! And chocolate!

When the dream is over, Lulu wants to go on another adventure. Come along, let's visit the knight! What could he be dreaming?

Кенгуру прыгает по кондитерской фабрике и набивает себе полную сумку. Ещё больше синих сладостей! И ещё леденцов! И шоколада! Сон закончился, но Лулу хочет больше приключений. Давай навестим рыцаря! Что ему снится?

The knight is having a cake fight with his dream princess. Oops! The whipped cream cake has gone the wrong way!

When the dream is over, Lulu wants to go on another adventure. Come along, let's visit the monkey! What could he be dreaming?

Рыцарь устраивает метание торта друг в друга с принцессой своей мечты. Ой! Сливочный торт пролетает мимо!

Сон закончился, но Лулу хочет больше приключений. Давай навестим обезьяну! Что ей снится?

Snow has finally fallen in Monkeyland. The whole barrel of monkeys is beside itself and getting up to monkey business.

When the dream is over, Lulu wants to go on another adventure. Come along, let's visit the pilot! In which dream could he have landed?

Наконец-то в стране обезьян пошёл снег! Вся обезьянья орава была вне себя и устроила балаган.

Сон закончился, но Лулу хочет больше приключений. Давай навестим пилота! В каком сне он находится?

The pilot flies on and on. To the ends of the earth, and even farther, right on up to the stars. No other pilot has ever managed that.
When the dream is over, everybody is very tired and doesn't feel like going on many adventures anymore. But they'd still like to visit the lion cub.
What could she be dreaming?

Пилот летит и летит. До края земли и ещё дальше к звёздам. Это не удавалось ни одному другому пилоту.

Когда сон закончился, все уже очень устали и больше не хотят ничего. Но львёнка захотели они всё же навестить. Что ему снится?

The lion cub is homesick and wants to go back to the warm, cozy bed.
And so do the others.

And thus begins …

Львёнок тоскует по дому и хочет обратно в свою тёплую и уютную постель.
И остальные тоже.

И тогда начинается ...

... Lulu's
most beautiful dream.

... самый прекрасный сон
Лулу.

Ulrich Renz • Marc Robitzky

The Wild Swans
Дикие лебеди

Translation:

Ludwig Blohm, Pete Savill (English)

Oleg Deev (Russian)

Audiobook and video:

www.sefa-bilingual.com/bonus

Password for free access:

English: **WSEN1423**

Russian: **WSRU2730**

Ulrich Renz · Marc Robitzky

The Wild Swans

Дикие лебеди

Based on a fairy tale by

Hans Christian Andersen

English — bilingual — Russian

Once upon a time there were twelve royal children – eleven brothers and one older sister, Elisa. They lived happily in a beautiful castle.

Жили-были двенадцать детей короля: одиннадцать братьев и старшая сестра, Элиза. Они жили счастливо в прекрасном замке.

One day the mother died, and some time later the king married again. The new wife, however, was an evil witch. She turned the eleven princes into swans and sent them far away to a distant land beyond the large forest.

Однажды их мать умерла, и через некоторое время король женился снова. Но новая жена была злой ведьмой. Она заколдовала одиннадцать принцев в лебедей и отправила их в далекую страну, за широкие леса.

She dressed the girl in rags and smeared an ointment onto her face that turned her so ugly, that even her own father no longer recognized her and chased her out of the castle. Elisa ran into the dark forest.

А Элизу она одела в лохмотья и втёрла ей в лицо отвратительную мазь, так что даже собственный отец не узнал её и прогнал из замка. Элиза ушла в тёмный лес.

Now she was all alone, and longed for her missing brothers from the depths of her soul. As the evening came, she made herself a bed of moss under the trees.

Теперь она была совсем одинока, и всей душой тосковала по пропавшим братьям. Когда пришёл вечер, она приготовила себе постель из мха под деревьями.

The next morning she came to a calm lake and was shocked when she saw her reflection in it. But once she had washed, she was the most beautiful princess under the sun.

На следующее утро она подошла к тихому озеру. Увидев своё отражение, она ужаснулась. Но когда она искупалась, стала самой красивой принцессой на свете.

After many days Elisa reached the great sea. Eleven swan feathers were bobbing on the waves.

Через много дней она пришла к большому морю. На волнах качались одиннадцать лебединых перьев.

As the sun set, there was a swooshing noise in the air and eleven wild swans landed on the water. Elisa immediately recognized her enchanted brothers. They spoke swan language and because of this she could not understand them.

Когда солнце садилось, в воздухе поднялся шум, и одиннадцать диких лебедей сели на воду. Элиза сразу узнала своих заколдованных братьев. Но так как они говорили на лебедином языке, Элиза не могла понять их.

During the day the swans flew away, and at night the siblings snuggled up together in a cave.

One night Elisa had a strange dream: Her mother told her how she could release her brothers from the spell. She should knit shirts from stinging nettles and throw one over each of the swans. Until then, however, she was not allowed to speak a word, or else her brothers would die.
Elisa set to work immediately. Although her hands were burning as if they were on fire, she carried on knitting tirelessly.

Днём лебеди улетали, а ночевали вместе с Элизой в пещере, прильнув друг к другу.

Однажды ночью Элиза увидела удивительный сон: их мать рассказала ей, как она может спасти братьев. Она должна для каждого лебедя связать рубашку из крапивы и накинуть её на него. Но до того она должна не говорить ни слова, иначе её братья умрут.
Элиза тут же принялась за работу. Хотя её руки горели, как обожженные, она вязала без устали.

One day hunting horns sounded in the distance. A prince came riding along with his entourage and he soon stood in front of her. As they looked into each other's eyes, they fell in love.

Однажды вдали послышались звуки охотничих рогов. Подскакали принц со свитой и остановились перед ней. Когда принц и Эльза посмотрели в глаза друг другу, то сразу влюбились.

The prince lifted Elisa onto his horse and rode to his castle with her.

Принц поднял Элизу на своего коня и поскакал с ней в замок.

The mighty treasurer was anything but pleased with the arrival of the silent beauty. His own daughter was meant to become the prince's bride.

Могущественный казначей был совсем не обрадован появлением немой красавицы. Невестой принца должна была стать его собственная дочь.

Elisa had not forgotten her brothers. Every evening she continued working on the shirts. One night she went out to the cemetery to gather fresh nettles. While doing so she was secretly watched by the treasurer.

Элиза не забыла своих братьев. Каждый вечер она работала над рубашками. Однажды ночью она пошла на кладбище набрать крапивы. Казначей тайно наблюдал за ней.

As soon as the prince was away on a hunting trip, the treasurer had Elisa thrown into the dungeon. He claimed that she was a witch who met with other witches at night.

Пока принц был на охоте, казначей бросил Элизу в темницу. Он заявил, что она ведьма, которая ночами встречается с другими ведьмами.

At dawn, Elisa was fetched by the guards. She was going to be burned to death at the marketplace.

На рассвете стража схватила Элизу. Её должны были сжечь на рыночной площади.

No sooner had she arrived there, when suddenly eleven white swans came flying towards her. Elisa quickly threw a shirt over each of them. Shortly thereafter all her brothers stood before her in human form. Only the smallest, whose shirt had not been quite finished, still had a wing in place of one arm.

Едва она там оказалась, как вдруг прилетели одиннадцать белых лебедей. Элиза быстро набросила на каждого рубашку из крапивы, и все её братья предстали в человеческом обличье. Только у младшего, чья рубашка была не до конца готова, вместо одной руки было крыло.

The siblings' joyous hugging and kissing hadn't yet finished as the prince returned. At last Elisa could explain everything to him. The prince had the evil treasurer thrown into the dungeon. And after that the wedding was celebrated for seven days.

And they all lived happily ever after.

Братья и сестра ещё обнимались и целовались, когда вернулся принц. Наконец Элиза смогла всё объяснить. Принц бросил злого казначея в темницу. И потом семь дней праздновали свадьбу.

И жили они долго и счастливо.

Hans Christian Andersen

Hans Christian Andersen was born in the Danish city of Odense in 1805, and died in 1875 in Copenhagen. He gained world fame with his literary fairy-tales such as „The Little Mermaid", „The Emperor's New Clothes" and „The Ugly Duckling". The tale at hand, „The Wild Swans", was first published in 1838. It has been translated into more than one hundred languages and adapted for a wide range of media including theater, film and musical.

Barbara Brinkmann was born in Munich in 1969 and grew up in the foothills of the Bavarian Alps. She studied architecture in Munich and is currently a research associate in the Department of Architecture at the Technical University of Munich. She also works as a freelance graphic designer, illustrator, and author.

Cornelia Haas has been illustrating childrens' and adolescents' books since 2001. She was born near Augsburg, Germany, in 1972. She studied design at the Münster University of Applied Sciences and is currently a professor on the faculty of Münster University of Applied Sciences teaching illustration.

Marc Robitzky, born in 1973, studied at the Technical School of Art in Hamburg and the Academy of Visual Arts in Frankfurt. He works as a freelance illustrator and communication designer in Aschaffenburg (Germany).

Ulrich Renz was born in Stuttgart, Germany, in 1960. After studying French literature in Paris he graduated from medical school in Lübeck and worked as head of a scientific publishing company. He is now a writer of non-fiction books as well as children's fiction books.

Do you like drawing?

Here are the pictures from the story to color in:

www.sefa-bilingual.com/coloring

www.ingramcontent.com/pod-product-compliance
Lightning Source LLC
LaVergne TN
LVHW070449080526
838202LV00035B/2781